DISCOURS

Prononcé par l'un de MM. les Secrétaires de la Noblesse, au nom de son Ordre, à l'Assemblée des Députés du Clergé de la Sainte-Chapelle de Dijon, & de ceux des Corps & Communautés du Tiers-État de cette Ville, qu'elle y avoit invités le 27 Décembre 1788.

MESSIEURS,

La Noblesse de Bourgogne, vivement affectée des malheurs qui menacent la France, s'est empressée de se rassembler pour chercher les moyens d'éviter à fa Province de les partager. Elle a cru qu'il n'y en avoit pas de plus puiffans que la réunion des différens Ordres qui la compofent, & la confervation des anciennes conftitutions de la Province. Ces formes antiques, confacrées par le temps, doivent refter telles que nos peres nous les ont tranfmifes ; il ne faut que réformer les abus qui s'y font introduits. Mais les recherches qu'ils néceffitent, n'ont pas été le premier objet de fes délibérations; il en étoit un plus preffant pour elle, celui des impôts.

Jufqu'à préfent on ne peut fe diffimuler que l'Ordre du Tiers-Etat a été le plus foulé dans cette partie. Ceux qu'on appelle *additionnels*, font entiérement à fa charge ; les autres, quoique partagés par la Nobleffe, ont befoin d'une nouvelle répartition pour remettre une égalité jufte & proportionnelle entre tous les Ordres. Les Gentilshommes affemblés ont donc cru devoir fixer leurs premiers regards fur les impôts, & fur un mémoire qui leur a été préfenté, fait par le fieur Gautrin, Maire de Flavigny, qui avoit été chargé de le rédiger par la Chambre de fon Ordre, & qui a pour objet toutes les parties d'impôts fupportés par le Tiers-Etat. Ils en ont mûrement examiné tous les articles; quelques-uns leur ont paru abfolument inutiles, & leur vœu a été de les rejetter à l'avenir; & quant à ceux qu'il eft impoffible de réformer totalement, ils ont cru qu'il feroit poffible d'accorder à l'Ordre du Tiers-Etat de les partager dans une proportion qui fera réglée aux prochains Etats, & qui feroit dans le rapport des poffeffions de tous les Ordres.

Mais ce Mémoire n'a pas paru encore remplir entièrement le vœu de la Nobleffe ici affemblée; il ne parle que des impôts additionnels à la taille, & elle ne mettra point de bornes à ce que sa loyauté lui dicte; elle a donc unanimement délibéré de consentir, aux premiers Etats de la Province, de partager, dans la proportion indiquée, tous les impôts qui seront accordés & réglés par les Etats-Généraux de la France.

Elle ne doute pas que des sacrifices aussi grands ne prouvent jusqu'à l'évidence à tous les Ordres, son desir d'entretenir la paix & l'union indispensables au bonheur de tous; elle n'a pas cru cependant devoir s'en tenir là, elle a reconnu que l'Ordre du Tiers-Etat étoit loin d'être représenté aux Etats de la Province; les Maires n'étant pas élus par les Villes, ne font point des Représentans librement choisis. Elle desire donc, Messieurs, que les trois Ordres se réunissent pour demander que dès la prochaine tenue des Etats (qu'il est abfolument néceffaire d'obtenir avant les Etats-Généraux du Royaume) la Chambre du Tiers-Etat foit compofée, comme dans les temps les plus reculés, de Députés librement élus. Cette demande eft d'autant plus importante que cette feffion extraordinaire a pour objet principal de donner des pouvoirs aux Députés de la Province aux Etats-Généraux de la France, de former un cahier général de tous ceux des Bailliages; & que l'élection libre des Députés du Tiers-Etat auxdits Etats-Généraux, ne feroit qu'illufoire, fi ce qui forme effentiellement fon Ordre aux Etats particuliers n'étoit pas compofé de Repréfentans libres.

Dans ce qui forme les loix conftitutives des Etats de Bourgogne, la Nobleffe n'a rien vu qu'il ne faille conferver, comme faifant partie de fes Privileges, qui doivent être trop précieux à tout Bourguignon, pour permettre qu'on y porte la moindre atteinte. Le choix de fes Elus en eſt le plus précieux, & elle déclare dès à préſent qu'elle ne peut s'en départir. Elle ne doute pas que les deux Ordres du Clergé & du Tiers-Etat ne fe réuniſſent avec elle pour s'y maintenir. Elle fe permettra encore une obſervation qui tombe fur la maniere de voter. Il eſt d'uſage, de tems immémorial, de prendre les voix par Ordres, & que deux font décret & lient le troiſieme. La premiere partie de cette loi eſt bonne, & devient d'autant meilleure, que les Impôts, étant également répartis fur tous les Ordres, l'intérêt devient commun; la feconde partie paroît, aux Gentilshommes aſſemblés, mériter un changement.

Les délibérations, formées par les Etats, peuvent être de trois eſpeces. Les générales aux trois Ordres comme celles qui regardent l'Impôt, & nul doute qu'il ne faille le confentement général pour lier tous les Ordres. Deux ne peuvent contraindre le troifième, parce que ce qui ne peut être utile à une des parties intéreffées ne peut qu'être dommageable aux deux autres ; il eft donc néceffaire que, dans les délibérations de cette efpèce, chaque Ordre ait le droit du *veto*, & que, lorfqu'il perfifte dans fon avis, la délibération demeure rejettée. Il eft utile, dans ce cas, que les délibérations de chaque Ordre foient motivées, & que, s'ils ne peuvent fe convaincre réciproquement par leurs Députés refpectifs, il foit nommé des Commiffaires des trois Ordres, pour tâcher de former un avis commun, qui foit enfuite rapporté aux Chambres, pour être accepté ou rejetté.

Les délibérations de la feconde efpèce font celles qui ne regardent que deux Ordres ; & la même loi doit exifter pour eux par les mêmes raisons ; & quant aux délibérations qui ne regardent que le régime intérieur d'un Ordre, il doit en délibérer seul.

La commission intermédiaire, Messieurs, a aussi mérité les regards de la Noblesse assemblée ; il lui a paru qu'elle n'étoit pas assez nombreuse, & qu'il falloit lui donner des loix plus positives sur les pouvoirs. C'est ce qui l'occupe dans ce moment. Elle invite les autres Ordres à s'en occuper également, pour qu'à la prochaine Séance des Etats ils puissent la constituer de nouveau dans les meilleures formes, pour l'intérêt général des trois Ordres.

La Noblesse, en vous faisant part de ses résolutions, n'a d'autres intentions que de vous faire connoître le vif intérêt qu'elle prend au bonheur de la Province. Elle voit avec douleur son attente trompée par l'absence de la plus grande partie de l'Ordre du Clergé de cette Ville; elle ne croyoit pas pouvoir se permettre de douter qu'il ne partageât cet intérêt avec elle, & qu'il ne prît les moyens les plus prompts que ses formes lui prescriroient pour le faire également connoître; elle se proposoit de l'inviter de se joindre à elle dès à présent, ainsi qu'à l'Ordre du Tiers-Etat, dans tous les articles sur lesquels les loix générales du Clergé de France, auxquelles il s'est assujetti, lui permettroient de s'expliquer & de former, dès cet instant, l'union la plus indissoluble avec les deux autres Ordres.

Elle espere que les Membres de cet Ordre, présens, voudront bien lui faire part de son vœu.

Les Gentilshommes assemblés prient en conséquence Messieurs les Députés du Clergé de Dijon & Messieurs les Députés des Corps & Communautés du Tiers-Etat de rapporter à leurs Corps respectifs leurs intentions, & de les engager à les recevoir, mercredi prochain, à la même heure, avec pouvoir de décider des principaux points contenus dans cet Exposé, & de nommer, s'il le faut, des Commissaires des trois Ordres pour régler ensemble ceux qui n'y sont point insérés, & les rapporter aux prochains Etats, pour y recevoir force de loi, & déclarer que, dès ce moment, l'union la plus intime régnera entre les trois Ordres, que rien ne pourra jamais les désunir, & qu'ils concourront de tout leur pouvoir à tout ce qui pourra contribuer au bonheur général & à celui de chaque Ordre en particulier.

Signé Vienne, Président, le Comte de Levis, La Guiche, Saint-Memin, Guiard de Changey, Petit, Baron de Meurville, le Baron de Dormy de Vesvre, le Comte de Vogué, le Marquis de Richard d'Ivry, le Comte de Scorrailles, le Marquis de Courtivron, Brosses de Tournay, le Vicomte de Saint-Micaud, de Bretaigne dis-sur-Tille, Bernard de Saffenay, le Comte de St-Belin-Malain, Richard de Montaugey, le Marquis de Moiria, le Chevalier de Moiria, le Vicomte de Fresne, Buffot de Millery, Demusy, Croizier-St Segraux, le Marquis de Conygham, le Comte de Ganai & le Comte de Brachet, de Riollet de Morteuil, de Magnien de Chailly, le Baron de Drée, Villers la Faye, le Baron du Bois-d'Aisy, Dracy, le Chevalier de Saffenay, le Marquis d'Ivry, le Chevalier de Macheco, Filzjan-Sainte-Colombe, le Vicomte de Damas de Crux, d'Argenteuil, la Marche, le Comte de Jacquot d'Andelarre, Thomas de la Vefvre, Bouhier-Bernardon, Berbis, Marquis de Longecour, le Comte d'Auvillars, Fevret de Fontette, Richard des Crots, de la Loge, le Marquis de la Coſte, de Bouillet, Eſpiard d'Allerey, le Comte de Berbis-Corcelles, le Vicomte de Villers-la-Faye, de Greſigny, Bernard de Saint-Aubin, le Comte de Drée, Berbin de Morillés, le Comte de Foudras, Richard de Baligny, le Comte Bataille de Mandelot, Secrétaire de l'Aſſemblée de la Nobleſſe, & le Marquis de Digoine, Secrétaire de l'Aſſemblée de la Nobleſſe.

EXTRAIT

Des Regiſtres du Parlement de Dijon.

Du Mardi 30 Décembre 1788 du matin.

Vu par la Cour, toutes les Chambres aſſemblées, l'Extrait ſigné, le Comte Bataille de Mandelot & le Marquis de Digoine du Palais, Secrétaires de l'Aſſemblée de la Nobleſſe, d'un Diſcours prononcé, le 27 de ce mois, au nom de cet Ordre aſſemblé à Dijon, aux Députés Eccléſiaſtiques & du Tiers-Etat de ladite Ville, qui ſe ſont trouvés en ladite Aſſemblée, ledit Extrait dépoſé au Greffe de la Cour, ſuivant la délibération contenue au regiftre d'icelle, du jour d'hier.

La Cour confidérant que la force de la Monarchie françoife confifte principalement dans l'union du Chef & des Membres, feul vrai moyen de procurer le bonheur de tous.

Confidérant que les démarches ont pour objet, dans les circonftances actuelles, le rapprochement de trois Ordres de l'Etat, tendent également à rendre l'autorité du Souverain refpectable au-dedans & formidable au-dehors.

A déclaré & déclare qu'elle n'a pu voir qu'avec fatisfaction les louables efforts des Gentilshomme de la Province de Bourgogne pour parvenir à un but auffi defirable, en renonçant à tout privilege d'exemption pécuniaire.

Qu'elle ne ceffera de feconder leur

patriotisme par ses supplications & ses vœux auprès du Seigneur Roi, par son autorité & son exemple, à l'égard des peuples de son Ressort, & qu'elle manifestera, en toute occasion, son attachement aux loix qui assurent, dans l'intérieur du Royaume, la tranquillité publique & la conservation des droits des citoyens des différens Ordres qui le composent.

Collationné. Signé, DAUBRIVE.

www.ingramcontent.com/pod-product-compliance
Lightning Source LLC
Chambersburg PA
CBHW070534050426
42451CB00013B/3012